TRÉSOR
DU VIEILLARD
DES PYRAMIDES

VÉRITABLE SCIENCE
DES TALISMANS

UNICURSAL

Copyright © 2017

Éditions Unicursal Publishers
www.unicursalpub.com

ISBN 978-2-9816136-6-0

Première Édition, Imbolg 2017

TRÉSOR DU VIEILLARD DES PYRAMIDES

VÉRITABLE SCIENCE DES TALISMANS

AVIS

DES ÉDITEURS BRUXELLOIS

———————

Ce cahier de talismans est, quant aux dessins et aux mots cabalistiques, la copie très-exacte de l'original déposé dans la Grande Mosquée d'Alexandrie.

Le seul exemplaire connu en Europe vers la fin du siècle dernier, se trouvait dans la bibliothèque d'un des principaux monastères de Venise.

La réforme de ce couvent ayant déterminé la vente de sa bibliothèque, le précieux manuscrit fut acheté par un riche capitaliste anglais, pour une somme énorme.

Les héritiers de cet homme opulent, ne connaissant pas le mérite de ce volume, le cédèrent pour très-peu d'argent, à M. Tycleton qui le fit imprimer à vingt exemplaires qu'il envoya en cadeau à divers souverains et à plusieurs de ses amis intimes, notamment à. M. Van Stopel, armateur résidant à Amsterdam.

C'est sur cet exemplaire que notre édition a été calquée : nous en garantissons l'exactitude.

Nous devons dire que le texte de ce manuscrit était écrit en langue arabe, et que la traduction en a été confiée à l'un des hommes les plus savants de notre siècle.

Nous n'avons pas souffert qu'il fut apporté le moindre changement aux

dessins ni à l'orthographe des mots cabalistiques à prononcer ou à faire graver
sur les anneaux, parce que nous avons
craint que la plus petite altération qui
y serait apportée, détruisit l'effet qu'on
devait en attendre.

Van Leusten frères.

Composition des Talismans et des Bagues ou Anneaux, et observations y relatives.

———◆◆◆◆———

DES ANNEAUX.

Les anneaux devront être faits en métal vierge, quelle que soit sa nature. Ainsi, dans le cas où on se servirait d'or ou d'argent, il faut qu'il n'entre aucun alliage dans ces matières.

La forme, la couleur des pierres dont ils seront enrichis, et les mots qui doivent être gravés, en dehors ou en dedans du cercle, sont indiqués, soit sur l'explication relative à chaque planche, soit sur la planche elle-même, ainsi il n'y a pas lieu de s'en occuper ici.

DES TALISMANS.

Les talismans doivent être faits en étoffe de soie, d'une dimension double de celle des dessins imprimés sur les planches. Ces dessins ne seront cependant point grandis; ils seront calqués et reproduits sur la soie, de la manière suivante.

1.° Tendre l'étoffe comme si on devait broder dessus. 2.° Se servir d'un crayon de mine de plomb de première qualité pour tracer les contours, puis avec des couleurs appropriées et avec de l'encre magique dont la composition est indiquée à l'explication de la première planche, on ombrera et terminera ces dessins.

La couleur de l'étoffe à employer est celle dont on s'est servi pour colorier les planches. Les nuances ou ombres qui 's'y trouvent seront exécutées au moyen des couleurs qu'on superposera, dans les endroits qui ne se trouvent pas de la couleur générale.

Ces talismans doivent être bordés avec un liseré d'or, d'argent ou de soie, d'une couleur différente, mais sympathique avec le fond de l'étoffe. Ainsi le bleu se mariera bien avec plusieurs couleurs; mais le noir ira mal avec le vert; cette dernière couleur est antipathique du bleu, etc., etc.

On pourra doubler ces talismans, ce qui sera mieux, alors la doublure devra être de la couleur du liseré.

Il est important de ne travailler à la composition de ces talismans ou de ces anneaux, vous ou celui que vous employerez, qu'autant que l'un et l'autre vous serez lavés de toute souillure morale, parce que l'homme pur a seul le droit de commander au nom de celui qui régit tout.

EXPLICATION

*Des Planches qui représentent les Talismans;
Formes que doivent avoir les Anneaux qui
leur servent d'auxiliaires; Usage et Vertu de
chacun d'eux en particulier.*

PLANCHE PREMIÈRE.

Cette planche représente le cercle formé par le vieillard des Pyramides, au milieu duquel il se plaçait lorsqu'il lui prenait fantaisie de quelque chose.

Il élevait alors les deux mains vers la voûte, en disant : *Soutram, Ubarsinens.* A l'instant des génies s'approchaient de lui et le transportaient où il convenait qu'il fut placé pour voir ce qu'il désirait.

Quand il voulait parcourir l'immensité, il prononçait *Saram*, et lorsqu'il voulait rentrer chez lui, il disait : *Rabiam.*

Ce cercle se forme d'une baguette de fusain, d'osier ou de noisetier, de six pieds de longueur, ayant à l'un des bouts la tête d'un serpent, et à l'autre la queue. Cette tête et la queue doivent être d'or et la baguette parsemée de lames du même métal.

Sur la baguette il faut écrire les mots ou caractères qui se trouvent tracés au bas de la planche 1.re. On doit se servir pour cette opération, d'encre de la Chine mêlée avec du sang d'une jeune colombe blanche ou d'un agneau également blanc et qui vient de naître.

PLANCHE 2.

Cette planche représente le cercle magique dans lequel le vieillard des Pyramides se plaça après l'épreuve dont il est question à la planche 1.re.

C'est du milieu de ce cercle qu'on doit faire les prières qu'il faut toujours réciter avant de commencer les conjurations avec les talismans qui sont figurés sur les planches suivantes.

Il ne faut jamais y entrer après s'être rendu coupable d'aucune action dont on puisse rougir, à moins qu'on s'en soit fait absoudre par un véritable repentir, sans cela on pourrait y être frappé plus ou moins cruellement, suivant l'énormité de la faute.

En général, on ne saurait trop le recommander, il ne faut se livrer à l'étude
et aux expériences du grand oeuvre,
que blanchi de toute souillure morale;
car, alors même qu'on n'en serait point
puni, comme on n'obtiendrait aucun
succès, ce serait non-seulement perdre
son temps, mais encore tout l'espoir
qu'on avait raisonnablement conçu.

PLANCHE 3.

Cette planche représente le premier des talismans du vieillard des Pyramides.

Les mots tracés au bas, sont ceux qui doivent être gravés en de dans, sur l'anneau propre à ce talisman. Cet anneau doit être garni d'une pierre bleu de ciel, dont la forme doit représenter un hexagone.

Le talisman doit servir à conjurer les puissances célestes et infernales. Il faut mettre l'anneau au doigt indicateur de la main droite, et cette main avec le talisman sur le coeur, puis prononcer ces mots : *Siras, Etar, Besanas.*

Alors vous verrez paraître une foule d'esprits et de figures fantastiques auxquels vous pourrez commander, car ils seront entièrement à vos ordres.

Pour les faire disparaître, il suffit de retirer l'anneau du doigt, et le talisman de la place qu'il occupe; ils s'évanouiront comme une vapeur légère.

PLANCHE 4.

Cette planche est le dessin du second des talismans du vieillard des Pyramides.

Au bas de ce dessin sont tracés les mots qui doivent être gravés sur l'anneau et en dedans. Cet anneau qui est celui dont on doit se servir avec ce second talisman, doit avoir un chaton de forme triangulaire en jayet très-poli.

Ces deux objets précieux sont destinés à faire aimer celui qui les possède, par la plus belle portion du genre humain. Avec leur aide, il n'est pas de femme qui ne cherche à lui plaire et qui ne mette en usage tous les moyens possibles pour y réussir.

Pour les utiliser, il faut mettre l'anneau au second doigt de la main gauche, presser le talisman sur la bouche, et dire en soupirant tendrement: *ô Nadès, Suradis Maniner.* Alors un génie avec des ailes roses, viendra se mettre à genoux devant vous et attendra vos ordres. Lorsque vous les lui aurez donnés prononcez *Sader, Prostas, Solaster,* et il ira les exécuter ponctuellement. Pour faire cesser le charme que vous aurez produit, il suffira de prononcer fortement *Mammes, Laher.*

PLANCHE 5.

Celte planche représente le troisième des talismans de la collection du vieillard des Pyramides.

L'anneau qui doit servir en même temps que lui, aura une pierre verte de forme ronde et à fascettes.

On gravera en dedans, les mots tracés au bas de ladite planche 5.

Le talisman sert à découvrir les trésors, et à en assurer la possession à votre famille.

Pour cela il faut placer l'anneau au second doigt de la main droite, et tenir le talisman avec le pouce et le petit doigt de la main gauche en disant: *Onaïm, Pérentès, Rasonastos*, au même moment sept génies paraîtront, avec chacun un grand sac de peau qu'ils videront à vos pieds : ces sacs seront pleins de l'or qu'ils se seront procuré à l'aide d'une *chouette noire,* dont l'un sera bien certainement accompagné.

Pour renvoyer ces génies, il suffira de leur faire signe de la main droite.

PLANCHE 6.

Elle représente le quatrième des vingt talismans qui forment le cahier possédé par le vieillard des Pyramides.

L'anneau qui doit servir avec. Ce talisman, aura les mots tracés au bas de cette planche, gravés en dehors; la pierre dont il sera garni sera de couleur rosée et sa forme sera ovale.

Ce talisman sert à découvrir les secrets les plus cachés, et à pénétrer partout sans être apeçu. Par exemple, si vous placez le talisman près de votre oreille que vous tiendrez de la main gauche où vous aurez mis l'anneau au doigt indicateur, et si vous prononcez en même temps les mots: *Nitrac, Radou, Sunandam*, vous entendrez distinctement plusieurs êtres invisibles vous donner des nouvelles certaines de tout ce qui vous intéressera.

Si vous prononcez les mots *Ettifia, Nérum, inviolo*, vous deviendrez invisible, et vous pourrez pénétrer partout où vous voudrez, bien entendu, tant que vous conserverez le talisman contre votre oreille, comme nous venons de le recommander.

PLANCHE 7.

Cette planche est le dessin exact du cinquième des talismans du vieillard des Pyramides.

Ce talisman et son anneau, dont nous parlerons tout-à-l'heure, sert à obliger la personne la plus discrète à dévoiler elle-même ses pensées les plus cachées, et à divulguer hautement ses projets contre vous ou contre vos amis.

Pour cela, il faut d'abord placer l'anneau au petit doigt de la main gauche, et le talisman sur l'oreille droite, en prononçant les mots : *Noctar, Raiban,* et après une légère pose prononcer avec force, celui *Biranther,* ce qui fera apparaître un génie qui aussitôt que vous lui aurez dit; *Nocdar,* s'empressera de vous amener celui de qui vous voudrez découvrir les secrets; si vous désirez que le génie vous amène plusieurs personnes, il faudra pour les secondes dire: *Zelander*. Pour renvoyer ces personnes, il suffit de dire: *ô Solem*.

L'anneau sera garni d'une pierre jaune topaze de forme demi-sphérique, on gravera sur et en dehors de cet anneau les mots qui sont tracés au bas de ladite planche 7.

PLANCHE 8.

La huitième planche donne l'image du sixième des talismans du cahier du vieillard.

Sa vertu est de mettre à votre disposition, tel nombre de génies qui sera nécessaire à l'exécution instantanée de tous les ouvrages que vous désirerez entreprendre, ou pour arrêter les travaux qui pourraient nuire aux vôtres. Les mots magiques à employer sont: *Zorami, Zaitux, Elastot.* Il ne faut les prononcer qu'après avoir mis le talisman sur votre côté gauche, à nu, et avoir placé l'anneau au doigt indicateur de la main droite.

L'anneau aura une pierre de couleur rouge et de forme carrée. On gravera sur le dehors de cet anneau, les mots qui se trouvent tracés au bas de la planche dont nous nous occupons.

PLANCHE 9.

Cette planche offre le véritable dessin du septième des talismans renfermés dans la cassette du vieillard des Pyramides.

On l'emploie pour commander aux éléments; avec lui on peut tout détruire, soit par la foudre, la grêle, les vents, et même par les étoiles. Au milieu des convulsions qu'on fait naître, les propriétés de ceux dont vous avez prononcé les noms sont épargnées aussi bien que les vôtres.

La conjuration s'effectue en plaçant le talisman sous l'aisselle droite, et en mettant l'anneau au troisième doigt de la main droite. Les mots magiques à prononcer sont: *Ditau*, pour la foudre; *Ilurandos*, pour la grêle; *Ridas, Talimol,* pour les tremblements de terre; *Atrosis, Narpida*, pour les trombes de mer; *Unsur, Itar*, pour les trombes terrestres; *Hispen, Tromador*, pour les ouragans; *Parenthes, Istanos*, pour les inondations.

Pour tout ramener à l'état naturel, il faut déposer le talisman et l'anneau et prononcer *finulem*.

L'anneau sera enrichi d'une pierre de couleur bleu turquin et de forme presque conique; sur cet anneau on gravera en dedans les mots tracés au bas du talisman de ladite planche 9.

PLANCHE 10.

Cette planche reproduit exactement le huitième des talismans du trésor du vieillard des Pyramides.

Il sert à rendre invisible à tous les regards; même aux yeux des génies, celui qui en fait un usage convenable. L'auteur de toutes choses peut seul être témoin des démarches et des actions de celui qui le porte. Avec lui on peut pénétrer partout au sein des mers, dans les entrailles de la terre, et parcourir les régions aériennes, et y découvrir ce qui s'y trouve ou y voir ce qui s'y fait.

Les mots magiques qu'il faut prononcer sont: *Benatir* pour les eaux, en y ajoutant *Cararkau*, s'il s'agit de la mer; *Dedos*, pour la terre, et *Etinarmi*, pour les airs.

Il faut remarquer que l'anneau doit être placé au premier doigt de la main gauche pour les eaux, au second pour la mer, au troisième pour la terre et au quatrième ou petit doigt pour les airs.

Cet anneau doit avoir, gravés en dehors, les mots inscrits au bas de la planche 10. Il doit être enrichi d'une améthiste ayant la forme d'un octogone.

Le talisman dans le premier cas sera placé dans la main droite; dans le second, sous l'aisselle du même côté; dans le troisième entre le pied gauche et la chaussure, et dans le quatrième, entre la tête et la coiffure ou le chapeau.

PLANCHE 11.

La onzième planche représente véritablement le neuvième des talismans qui constituent la science occulte, et qui étaient possédés par le vieillard des Pyramides.

Il a la vertu de transporter celui qui le possède, dans telle partie du monde qu'il lui plaît, sans courir le moindre danger. Pour cela, il faut prononcer les mots *Raditus, Polastrien Terpanau, Ostrata, Pericatur, Erimas*, en serrant contre le coeur le talisman dont le dessin fera face en dehors, et en mettant l'anneau dont je vais parler au troisième doigt de la main droite.

Cet anneau sur lequel seront gravés en dedans, les mots tracés au bas de ladite planche 11., sera garni d'un saphir dont la forme sera celle d'un trapèze.

PLANCHE 12.

Cette planche est le dessin bien imité du dixième talisman que possédait le vieillard des Pyramides.

Par son moyen on ouvre toutes les serrures quels que soient les secrets qui aient été employés pour les fermer, sans être obligé de se servir de clé. Il vous met à l'abri de toute détention; car avec son aide, vous pourriez vous échapper de tous les lieux où l'on vous aurait renfermé; il met à votre disposition tout ce que l'on croirait devoir vous cacher.

Ce talisman doit être porté attaché sur la nuque, le dessin en dedans.

L'anneau joue un très-grand rôle dans cette opération magique; c'est pourquoi il faut apporter le plus grand soin à sa préparation. On doit le tenir

avec le pouce et l'index de la main droite et en toucher la serrure en prononçant ces trois mots : *Saritap, Pernisox,
Ottarim.*

L'anneau doit avoir, gravés en dehors, les trois mots ci-dessus. Il doit
être enrichi d'une émeraude ayant la
forme d'un carré long.

PLANCHE 13.

Cette planche représente le on-zième des talismans du vieillard des Pyramides.

Les mots tracés au bas, sont ceux qui doivent être gravés en dehors, sur l'anneau propre à ce talisman.

Cet anneau doit être garni d'un morceau de corail, dont la forme doit représenter un lozange.

Le talisman doit servir à celui à qui il appartient, à voir tout ce qui se passe dans les maisons, sans être obligé d'y entrer, ou à lire dans la pensée de tou-tes les personnes qu'il approchera, ou avec lesquelles il pourra se trouver, et à pouvoir les servir ou leur nuire à son gré.

Le talisman doit être fixé sur la tête, au moyen d'un ruban ou d'un cordon peu apparent, si mieux on n'aime l'attacher à la partie du corps qu'on me dispensera de nommer. L'anneau sera mis au petit doigt de la main gauche.

Pour voir ce qui se passe dans les maisons ou pour connaître les pensées des personnes, vous soufflerez sur l'anneau, en disant : *ô Tarot, Nezael, Estarnas, Tantarez.*

Pour rendre service à ceux qu'il vous plaira favoriser, vous direz : *Nista, Saper, Vinos.*

Pour nuire à vos ennemis, il faut dire : *Xatros, Nifer, Roxas, Tortos.*

PLANCHE 14.

Cette planche a été fidèlement co-
piée sur le douzième des vingt talismans trouvés dans la précieuse cassette
du vieillard des Pyramides.

Au bas de ce dessin sont tracés les
mots qui doivent être gravés sur l'anneau et en dedans. Cet anneau, qui est
celui dont on doit se servir avec ce
douzième talisman, doit avoir un châton en agathe dont la forme sera celle
d'un poisson plat.

Ces deux objets sont destinés à faire
avorter tous les projets formés contre
le propriétaire; ils sont encore destinés
à soumettre les génies qui voudraient
s'opposer à la volonté qu'il manifeste-
rait.

Lorsque vous voudrez employer le talisman, vous le placerez sous votre main gauche appuyée sur un objet quelconque, ayant l'anneau au second doigt de la main droite, et vous direz à voix basse et en inclinant la tête : *Senapos, Terfita, Estamos, Perfiter, Notarin.*

PLANCHE 15.

Cette planche représente le treizième des talismans de la merveilleuse collection du vieillard des Pyramides.

L'anneau qui doit servir en même temps que lui, aura une opale dont

la forme sera celle d'une poire privée de sa queue.

On gravera sur et en dehors de cet anneau, les mots tracés au bas de ladite planche 15.

Le talisman et son anneau ont une propriété aussi extraordinaire qu'agréable; ils vous rendent éminemment vertueux et vous font acquérir tous les genres de talents.

Pour le premier objet, il faut placer l'anneau à la première phalange du troisième doigt de la main gauche, élever le talisman de la main droite, à la hauteur des yeux, et prononcer les trois mots : *Turan, Estonos, Fuza.*

Pour le second objet, il faut en élevant le talisman au-dessus de la tête, dire : Vazotas, Testanar, et l'on verra s'opérer des prodiges.

PLANCHE 16.

Cette planche est le dessin exact du quatorzième des talismans du vieillard des Pyramides.

Ce talisman et son anneau, dont nous parlerons tout-à-l'heure, sert à reconnaître tous les minéraux et les végétaux, à apprendre quelles sont leurs vertus, leurs propriétés; à acquérir la science de la médecine universelle, de telle sorte que l'on pourra entreprendre la cure de toutes les maladies; car on possédera toutes les connaissances des Esculapes, des Hypocrates et des Galiens.

Il faut porter le talisman sur l'estomac, et l'anneau suspendu au cou avec un ruban couleur de feu, et, chaque fois qu'on se place auprès d'un malade,

prononcer les quatre mots suivants :
Reterren, Salibat, Hisater, Cratares.

L'anneau sera garni d'un rubis de la forme d'une orange. On gravera sur et en dehors de cet anneau, les mots qui sont tracés au bas de ladite planche 16.

PLANCHE 17.

La dix-septième planche donne l'image du quinzième des talismans qui étaient renfermés dans la cassette du vieillard des Pyramides.

Sa vertu est de conserver au milieu des animaux les plus féroces et sans danger, celui qui l'a en sa possession. Il sert à les dompter à volonté, à connaître par leurs différents cris, ce qu'ils veulent ou ce qu'ils souffrent; car ils ont un langage toujours entendu de leurs pareils. Les animaux enragés s'éloigneront toujours de celui qui portera ce talisman, et il les fera périr en prononçant les mots : *Trumantren, Ricona, Estupit, Oxa.* Mais pour se trouver sans danger au milieu des bêtes féroces, il faut prononcer : *Hocatos, lmorad, Surater,*

Markila, leur présentant l'anneau dont il va être parlé.

Cet anneau qu'on doit toujours avoir lorsqu'on veut faire usage du talisman, doit avoir gravés eu dehors, les mots tracés au bas de la planche 17. La pierre dont il sera garni aura la forme d'une spirale et sera de couleur de feu.

Le talisman se porte sur l'estomac, suspendu par un ruban de même couleur que le liseré qu'on aura employé.

PLANCHE 18.

Cette planche reproduit exactement le seizième des talismans formant le trésor du vieillard des Pyramides.

Il sert à connaître les mauvaises intentions de tous les individus qu'on rencontrera, de manière à en garantir même ceux qui seront dans un rayon de deux cents pas autour de celui qui aura ce talisman. Si on touche le mal-lintentionnés avec l'anneau propre au même talisman, ils seront frappés de stupeur; et ils ne recouvreront l'usage de leurs membres qu'après qu'on leur aura fait prononcer le mot: *Toniruf.*

Pour se servir de ce talisman, il faut le placer sur le coeur et prononcer les mots : *Crostes, Furinot, Katipa, Garinos*, en ayant l'anneau au petit doigt de la main droite.

L'anneau devra avoir gravés en de hors, les mots tracés au bas de ladite planche 18. Il sera enrichi d'un châton formé d'une pierre de couleur lilas ayant la forme d'un coeur.

PLANCHE 19.

La dix-neuvième planche représente véritablement le dix-septième
des talismans qui constituent la science
occulte que possédait le vieillard des
Pyramides.

On se sert de ce talisman pour acquérir en très-peu de temps, la connais-
sance parfaite de tel art ou de telle
science dans laquelle on désire briller,
sans qu'on ait besoin d'aucun maître.
Par son moyen on peut aussi transmettre à qui l'on veut, la science ou l'art
dans lequel on est devenu supérieur
aux plus forts.

On attache ce talisman sur l'avant-
bras droit, s'il s'agit d'un art, et sur le
front s'il est question de science.

L'anneau se porte de telle manière qu'on le juge convenable. Il doit y avoir, gravés en dehors, sur cet anneau, les mots tracés au bas de la planche 19, et-il doit être garni d'une pierre ayant la forme d'une étoile et de couleur violette.

Les mots magiques à prononcer en faisant usage du talisman, sont, pour acquérir les talents : *Ritas, Onalun, Tersorit,* et pour les transmettre à un autre : *Ombas, Serpitas, Quitathar, Zamarath,* Il faut faire suivre ces mots du nom de l'art ou de la science que l'on veut posséder ou qu'on désire transmettre.

PLANCHE 20.

Cette planche est le dessin bien imité du dix-huitième talisman que possédait le vieillard des Pyramides.

Par son moyen, on gagne à toutes sortes de jeux de hasard, et l'on devient possesseur de la fortune de ceux qui ont l'imprudence de risquer tout leur avoir contre le vôtre. Il est surtout précieux, en ce qu'il vous fait obtenir un numéro favorable, dans toutes les occasions où votre bourse ou vos plaisirs courent quelque risque.

Ce talisman doit être porté sur le bras gauche et bien assujetti par un ruban blanc; l'anneau doit être au petit doigt de la main droite.

Pour faire usage de ce talisman on doit, chaque fois que l'on recommence une partie, ou qu'on court une chance, toucher le bras gauche avec la main droite, à l'endroit où sera attaché le talisman, baiser l'anneau, et prononcer trois des cinq mots : *Rokes, Zotoas, Xatanitos, Pilatus, Tulitas.*

Il y aura sur l'anneau, en dedans, les mots gravés qui se trouvent au bas de la planche 20. Cet anneau sera enrichi d'une pierre de couleur jaune pale et dont la forme sera celle d'un gland de chêne.

PLANCHE 21.

Cette planche a été fidèlement co-
piée sur le dix-neuvième des vingt talismans trouvés dans la précieuse cassette
du vieillard des Pyramides.

Au bas de ce dessin sont tracés les
mots qui doivent être gravés sur l'anneau et en dehors. Cet anneau qui est
celui dont on doit se servir avec le dix-
neuvième talisman, doit avoir un châton en turquoise dont la forme sera
celle d'un croissant.

Ces deux objets sont destinés à servir pour diriger toutes les puissances infernales, contre ceux qui veulent nuire
à celui qui les possède.

On les porte de la manière qui convient le mieux. On prononce avant de faire connaître ce que l'on veut faire exécuter par les génies infernaux, l'un des mots magiques : *Osthariman, Visantiparos, Noctatur.*

Lorsqu'on veut faire cesser les tortures que l'on a ordonnées, ou les contrariétés qu'on a voulu faire éprouver à ses ennemis, on prononce ces deux mots : *Abibale, Necum.*

PLANCHE 22.

Cette planche représente le ving-
tième et dernier des talismans de la
merveilleuse collection du vieillard des
Pyramides.

L'anneau qui doit servir avec lui,
doit être garni d'un brillant dont la forme sera celle d'un très-petit oeuf. On
gravera sur et en dehors de cet anneau,
les mots tracés au bas de ladite planche
22.

Ce talisman et son anneau ont la
vertu de faire connaître ce que veulent
entreprendre les puissances infernales
pour déjouer les projets du porteur. Ils
ont en même temps la propriété de lui
donner les moyens de combattre ces
ennemis dangereux, de les vaincre et
de les forcer à lui devenir favorables. Il

faut pour obtenir cette victoire, placer le talisman sur la poitrine, à la naissance de l'estomac, en assujettissant l'anneau à la première phalange du petit doigt de la main gauche, et prononcer les mots : *Actatos, Catipla, Béjouran, Itapan, Marnutus.*

PLANCHE 23.

Cette planche représente la Chouette Noire, cet Oiseau Merveilleux dont il est parlé dans l'ouvrage inestimable qui a pour titre : LE GÉNIE ET LE VIEILLARD DES PYRAMIDES, histoire intéressante des sciences occultes, avec la Chouette Noire, oiseau merveilleux. Ouvrage publié vingt ans après la mort de l'auteur (en 1672) par Tobénériac, son héritier.

Nous ne pourrions rien ajouter à ce qui est dit, par rapport à cet oiseau extraordinaire, dans l'ouvrage que nous venons de citer. Nous nous bornerons donc à engager nos lecteurs à se le procurer, s'ils ne l'ont déjà; car c'est une annexe indispensable à ce cahier. Il serait difficile pour ne pas dire impossible de réussir sans le consulter en tous points.

L'emploi de la *Chouette Noire* est le moyen plus sûr pour faire fortune, il est le plus facile et le moins dangereux, aussi est-il celui dont les mages ou savants égyptiens, ont fait le plus souvent usage.

Il faudrait que le pays qu'on fait fouiller par cet oiseau fut bien pauvre, pour qu'il ne découvrit point très promptement, quelque précieux objet qui put indemniser, si pas enrichir, celui qui l'aurait envoyé à la découverte.

PLANCHE 24.

Cette planche est le portrait fidèle du vieillard des Pyramides, premier posses- seur des talismans et des anneaux que nous venons de décrire, et dont nous avons donné les dessins.

Ce serait bien le cas de faire connaî- tre ce vieillard, par rapport à sa scien- ce, à son origine, au lieu qu'il habitait et surtout quant à ses actions; mais la lecture de l'ouvrage intéressant qui a été publié par M. Tobénériac, et dont nous avons parlé dans l'explication de la planche précédente, en apprendra beaucoup plus qu'il nous serait possible de le faire, aux hommes intelligents et vertueux, entre les mains desquels cet ouvrage devrait toujours se trouver.

PRIÈRES

Qu'il faut toujours réciter avant de
commencer les conjurations.

————<small>❦❦❦</small>————

PREMIÈRE PRIÈRE.

*Il y a au-dessus du feu céleste une flamme
incorruptible, toujours étincelante, source de
la vie, fontaine de tous les êtres et principe de
toutes choses. Cette flamme produit tout et
rien ne périt que ce qu'elle consume : elle se
fait connaître par elle-même; ce eu ne peut être
contenu en aucun lieu; il est sans corps et sans
matière, il environne les cieux, et il sort de lui
une petite étincelle qui fait tout le feu du soleil,*

de la lune et des étoiles. *Voilà ce que je sais de Dieu : ne cherche pas à en savoir davantage; car cela passe ta portée, quelque bon juge que tu sois : au reste, saches que l'homme injuste et méchant ne peut se cacher devant Dieu; ni adresse, ni excuse ne peuvent rien déguiser à ses yeux perçants. Tout est plein de Dieu : Dieu est partout.*

DEUXIÈME PRIÈRE.

Il y a en Dieu une immense profondeur de flammes; le coeur ne doit pourtant pas craindre de toucher à ce feu adorable, ou, d'en être touché; il ne sera point consumé par ce feu si doux, dont la chaleur tranquille et impérissable fait la liaison, l'harmonie et la durée du monde. Bien ne subsiste que par ce feu, qui est Dieu même. Personne ne l'a engendré; il est sans mère, il sait tout, et on ne lui peut rien apprendre: il est inébranlable dans ses desseins et son nom est ineffable. Voilà ce que c'est que Dieu; car pour nous, qui sommes ses créatures, nous ne renfermons qu'une petite partie de Dieu: notre âme.

ORAISON DES SAGES.

Immortel, éternel, ineffable et sucré Père de toutes choses, qui es porté sur le chariot roulant sans ces se, des mondes qui tournent toujours. Dominateur des campagnes Ethériennes, ou est élevé le trône de ta puissance, du haut duquel tes yeux redoutables découvrent tout, et tes belles et saintes oreilles écoutent tout. Exauce tes enfants que tu as aimés dès leur naissance et dés le commencement des siècles, ta majesté resplendit au-dessus du monde, des étoiles et du Ciel; tu es élevé sur eux, ô feu étincelant, tu t'allumes et t'entretiens toi-même par ta propre splendeur, et il sort de ton essence des ruisseaux intarissables de lumières, qui nourrissent ton esprit infini. Cet esprit infini produit toutes choses, et fait ce trésor inépuisable de matière, qui ne peut manquer à la génération qui l'environne toujours, à cause des formes sans nombre dont elle est enceinte, et dont tu l'as rempli au commencement. De cet esprit tirent aussi leur origine ces rois très-saints qui sont debout autour de ton trône, et qui composent ta cour, ô père universel! ô unique! ô père des bienheureux mortels et immortels! tu as créé en particulier des puissances qui sont merveilleusement semblables à ton éternelle pensée et à ton essence adorable. Tu les as établies supérieures aux anges qui annoncent au monde tes volontés. Enfin tu nous a créés souverains dans les éléments. Notre continuel exercice est de te louer et d'adorer tes décrets. Nous brûlons du désir de te posséder. O père ! ô mère, la plus tendre des mères! ô l'exemplaire admirable des sentiments de la tendresse des mères. ô fils, la fleur de tous les fils! ô formes, âme, esprit, harmonie et nombre de toutes choses, nous t'adorons.

Nous terminerons cet ouvrage en fesant connaître à nos lecteurs ce que nous avons lu nous-mêmes, dans la bonne édition de la Véritable Magie Noire, ou les Secrets des Secrets, etc., imprimée en 1750, pages 140 et suivantes. Il y est dit :

Nous recommandons, par ces motifs[1] à la sérieuse méditation des per-

---

[1] Ces motifs ssnt que, comme beaucoup de personnes pourraient n avoir pas la possibilité de suivre de oint en point, toutes les sérémonies indispensables, en même temps que toutes les pratiques nécessaires pour former les pantacles ou talismans qui font le mérite de l'ouvrage dont il s'agit, il leur sera agréable, sans doute, d'être informé de ceux qui renferment des secrets occultes, d'une exécution plus facile, et en quelque sorte à la portée des gens les moins éclairés, parmi les plus honnêtes.

sonnes qui se trouvent dans l'un des cas indiqués ci-dessus, les différents livres dont les titres suivent:

1.° Les admirables Secrets d'Albert le Grand.

2.° Les Secrets merveilleux de la Magie naturelle et cabalistique du Petit Albert.

Nota. Il faut préférer l'édition où l'un voit sur le titre, un riche assis, donnant une bourse à un pauvre debout.

3.° Le véritable Dragon rouge.

Nota. La meilleure édition est celle avec la poule noire.

4.° L'Enchiridion Leonis Papoe.

Nota. La bonne édition est celle de Rome en 1740, dont les figures sont mises en couleur.

5.° Les OEuvres magiques de Henri-Corneille Agrippa.

Nota. La seule bonne édition est celle impri- mée en 1744, avec le secret de la reine des mouches velues.

6.° Le Grimoire du Pape Honorius, avec un re- cueil des plus rares secrets.

Nota. Il ne faut reconnaitre pour bonne que l'edition imprimée en 1760, avec des gra- vures coloriées.

7.° Les véritables Clavicules de Salomon, trésor

des sciences occultes, etc.

Nota. Il n'y a de véritablement bonne édition, que celle approuvée par Agaliarept, contenant la grande cabale dite du Papillon vert.

8.° L'avenir Dévoilé, ou l'astrologie, l'horoscopie et les divinations anciennes expliquées par les devins du moyen-âge.

9.° Les Eléments de Chiromancie, art d'expliquer l'avenir et le caractère de homme et de la femme, par les lignes et les signes de la main.

10.° La Magie Rouge, crème des sciences occultes, naturelles ou divinatoires.

Cet ouvrage est imprimé sur papier rose foncé.

11.° Petit Traité de la Baguette Divinatoire, pour trouver les choses les plus cachées, etc.

12.° La véritable Magie Noire, ou le secret des secrets; édition de 1750.

13.° Manuel complet du Démonomane ou les ruses de l'enfer dévoilées. Triple Vocabulaire infernal.

14.° Phylactères ou Préservatifs contre les maladies, les maléfices et les enchantements, ensemble les pratiques et croyances populaires les plus répandues.

15.° Les admirables Secrets d'Alexis Piémontais.

Ce volume est assez rare, il traite de beaucoup de choses étrangères aux sciences occultes.

On lit, dans l'un des ouvrages que nous venons de citer, une note qui pourra être un heureux guide dans les. recherches utiles que pourront tenter nos amis, la voici :

Il est un autre ouvrage très-précieux; mais qu'on trouve si rarement que je n'en" ai jamais vu qu'un seul exemplaire durant mes longs voyages. La personne qui le possédait n'a point voulu me le vendre quoique je lui aie offert beaucoup d'argent; et ne m'a permis d'en copier que le litre. Ce livre est écrit en français, mal orthographié, chaque feuillet est double ou imprimé d'un seul côté, comme à la Chine, le papier est mince, comme du papier de soie d'un

blanc sale presque gris; il est intitulé
*l'art de congeurer les esprits y joint les vraies
cabales et exorcizures, avèque les pentacles les
plus serviables, les secrets les plus utiles, mis
eu heureuse pratique par Dom Juan Alcantor,
savant portugais,* etc., etc.; il porte la date
de 1645.

Cet ouvrage, d'après les renseignements
que je me suis procurés, a été imprimé
à Goa, dans l'Inde.
Parmi les exemplaires qui sont arrivés
en Europe, quelques-uns ont été en-
voyés en cadeau, aux personnages de
la plus haute condition; les autres ont
éte apportés en fraude, après avoir été
volés par un familier de l'inquisition,
et semblent avoir été jusqu'ici très-soi-
gneusement conservés dans les familles
qui ont eu le bonheur d'en obtenir. On
prétend néanmoins qu'il en existe chez

un des libraires de Paris; mais qu'il n'en veut pas vendre, à moins d'en obtenir de fortes sommes. Peut-être cet ouvrage sera-t-il moins rare après sa mort, nous le verrons, si nous vivons.

FIN

Goutram, Mbarsinens, Garam.

Route du T.

Le
I cercle

NE VOUS RENDEZ JAMAIS COUPABLE
D'AUCUNE MAUVAISE ACTION.

PLANCHE 3.

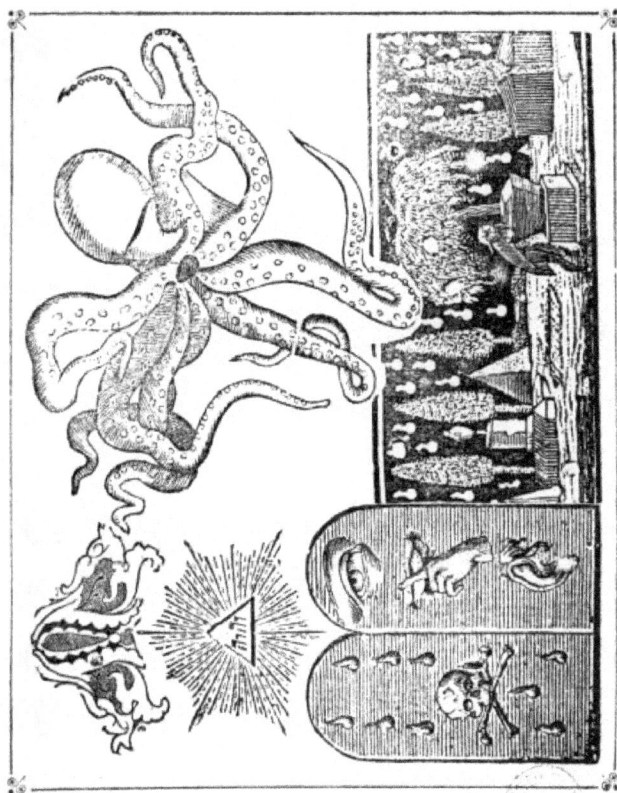

Siraſ, Etar, Heſanaſ.

ô Vadèt, Proftaf Laher.

Onaim, Pérantès, Rasonastos.

Niteac, Palon, Sunandam.

PLANCHE 7.

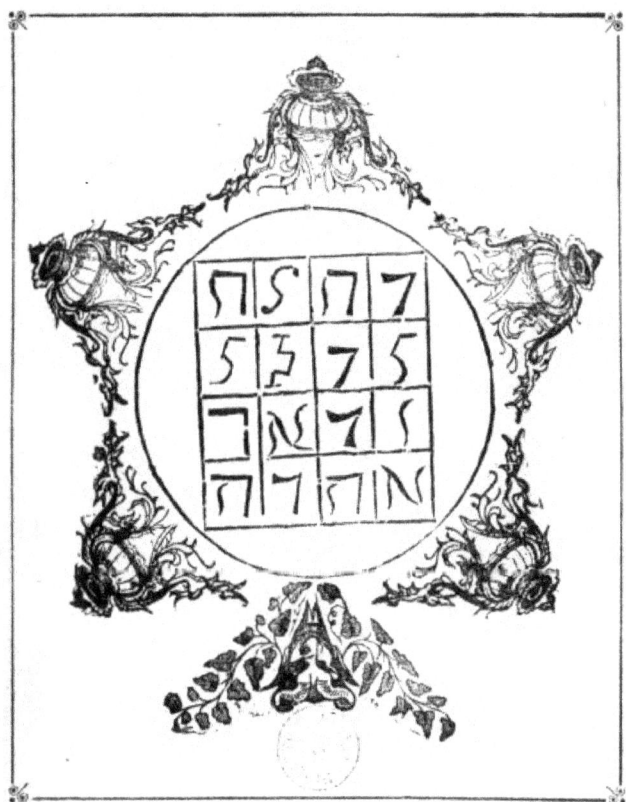

Noctar, Faïban, Biranther.

zurami, zaitux, Elastot.

Ditan, Fidas, Atrosis.

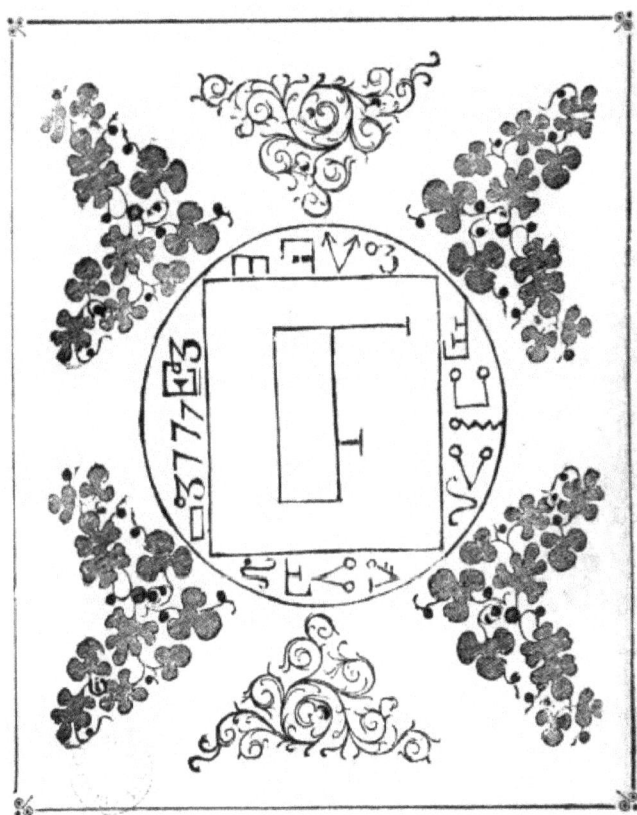

Benativ, Cararkau, Oedoſ, Etinarnii.

Faditus, Ostrata, Erimas.

Saritap , Pernisox , Ottarim.

PLANCHE 13.

ô Tarot, Nifta, Xatrof.

Senapos, Eskamos, Notarin.

PLANCHE 15.

Turan, Lazotas, fuza.

Feterrem , Safibat , Hifater ,
Cratares.

Lucatus, Marhila, Estupit.

Croftes, Hatipa, Sarinos.

Fitas, Onibas, Zamarath.

Foljef, zotvaf, Datanitof, Pilatuf,
Tulitaf.

Schariman, Nisantiparos,
Noctatur.

Actatoſ, Bejouran, Marnutuſ.

LA CHOUETTE NOIRE,
OISEAU TRÈS-MERVEILLEUX.

PORTRAIT DU VIEILLARD

DES PYRAMIDES.

TABLE

Avis. 5

Des Anneaux. 9

Des Talismans. 10

Explication 13

Planche Première. 15

Planche 2. .17

Planche 3. .19

Planche 4. .21

Planche 5. .23

Planche 6. .25

Planche 7. .27

Planche 8. .29

Planche 9. .31

Planche 10.. 33

Planche 11.. 35

Planche 12.. 37

Planche 13.. 39

Planche 14.. 41

Planche 15.. 43

Planche 16.. 45

Planche 17.. 47

Planche 18.. 49

Planche 19.. 51

Planche 20.. 53

Planche 21.. 55

Planche 22.. 57

Planche 23.. 59

Planche 24.. 61

Première Prière. 63

Deuxième Prière.. 64

Oraison Des Sages. 65

Ouvrages Recommandés. 65

Planche 1. 75

Planche 2. 77

Planche 3. 79

Planche 4. 81

Planche 5. 83

Planche 6. 85

Planche 7. 87

Planche 8. 89

Planche 9. 91

Planche 10.. 93

Planche 11.. 95

Planche 12.. 97

Planche 13.. 99

Planche 14.. 101

Planche 15.. 103

Planche 16.. 105

Planche 17.. 107

Planche 18.. 109

Planche 19.. 111

Planche 20.. 113

Planche 21.. 115

Planche 22.. 117

Planche 23.. 119

Planche 24.. 121

www.ingramcontent.com/pod-product-compliance
Lightning Source LLC
LaVergne TN
LVHW051134080426
835510LV00018B/2409